# DEFENSE MECHANISM

# DEFENSE MECHANISM
(an act of speech for voices)

### KRZYSZTOF SIWCZYK

Translated, from the Polish, by Piotr Florczyk

Clinton, MA & Redondo Beach, CA
2021

Textshop Editions is a collaborative project
dedicated to producing limited series
of experimental writing.
It was founded by
K. A. Wisniewski & Piotr Florczyk.
More information may be found at
http://TextshopExperiments.org/TextshopEditions

Cataloging-in-Publication Data is available
at the Library of Congress

Library of Congress Control Number: 2021930397

First printing, January 2021

English translation copyright © 2021 by Piotr Florczyk
"Mechanizm obronny" originally appeared as part of *Jasnopis*,
a volume of poems published in 2016 by Wydawnictwo a5
Polish text copyright © 2016 by Krzysztof Siwczyk
This edition copyright © 2021 by Textshop Editions
All rights reserved.

Book Design by K. A. Wisniewski

ISBN-13: 978-1-7364658-0-6

Printed in the United States of America

# CONTENTS

* * * * * * * * *

Defense Mechanism / 5

Mechanizm obronny / 37

*Biographies* / 68

# DEFENSE MECHANISM
(an act of speech for voices)

*A room, dawn, a window full of barren shine, two voices heard from the dark depths of the room.*

Voice 1:
    It is clearly day-breaking

Voice 2:
    Unloved are days

Voice 1:
    Can't talk like that, not in this light

Voice 2:
    Can't, but I do

Voice 1:
    It's easy to talk like that when no one listens

Voice 2:
    Someone listens clearly, someone is your 'you can't talk like that'

Voice 1:
    I only hear my self

Voice 2:
    I hear not you, but through you

Voice 1:
    It doesn't seem so, it doesn't seem so at all, I say how it is

Voice 2:
    How it is in the day, you see it, you speak it, I, too, see and speak

Voice 1:
    Days are loved, they are not alone

Voice 2:
> Just how it is, they are not alone, they are unloved

Voice 1:
> I love days

Voice 2:
> I, too, love unloved days

Voice 1:
> Always the same, always the same blindly, you speak the other way around

Voice 2:
> I only repeat what you say, I repeat the same thing differently

Voice 1:
> You don't say anything new

Voice 2:
> I admit you are right, that's new

Voice 1:
> I don't want to be right, I want to please the eye

Voice 2:
> Then don't speak, just look, you can do that for a long time

Voice 1:
> Pure joy

Voice 2:
> Nothing but days, pure joy, clear matters

Voice 1:
> A phenomenon

Voice 2:
> Nothing but clear phenomena and clear words day-breaking, so be it

*The same room, a window full of barren shine, half-covered with a heavy curtain, two voices can be heard from the darkening depths of the room.*

Voice 1:
> The lasting of light is eloquent, despite the actions taken

Voice 2:
> This means something, this tells you something

Voice 1:
> Yes, you can understand it, lean on it, absorb it

Voice 2:
> No need for much more than to absorb, to devour the light

Voice 1:
> Right away you speak badly, you think badly about everything

Voice 2:
> I think the best I can, I think about it the best I can

Voice 1:
> But this word is bad, it invades the lasting of the light

Voice 2:
> I don't devour the light, I only dim its strong shine

Voice 1:
> You turn your eyes away, you don't see clearly

Voice 2:
> I don't know, your words blind me

Voice 1:
> Yet these words are understandable to you

Voice 2:
> I am blinded by their understood sense, their dark meaning

Voice 1:
> Because you don't look, you just speak, you speak first

Voice 2:
> Right away I am blind to your suffering

Voice 1:
> I don't suffer, I absorb a clear message

Voice 2:
> That's why I block it out, you're already a full vessel

Voice 1:
> You exist in the shadows, you insist

Voice 2:
> I don't insist, I'm the shadow of your certainty

Voice 1:
> Words are certain, clear

Voice 2:
> Words are full of you, even these curtains are becoming bright

Voice 1:
> You can't block out anything, I see everything

Voice 2:
> Pure joy to be able to see you again, a word can

*Still the same room, the window covered completely, through the dark curtains one can still see a glow, voices talking in the almost complete darkness.*

Voice 1:
    No matter what, I can still see and feel the shine

Voice 2:
    Nothing fazes you, you have no reason to worry

Voice 1:
    I'm afraid of my confidence, it's getting bigger

Voice 2:
    This is understandable, the light serves you, it is served to you

Voice 1:
    It's right behind the dark, it opalesces the darkness

Voice 2:
    I can do nothing more for you

Voice 1:
    Don't trouble yourself, you do what you can, you do it well

Voice 2:
    I try to be inside you, shine through you for no reason

Voice 1:
    And without a cause

Voice 2:
    You are the source of all joys, days

Voice 1:
    You say so because it's the right thing to do

Voice 2:
> I speak with full conviction, especially here and now

Voice 1:
> The situation is conducive to good solutions

Voice 2:
> Yes, you always find the exit route

Voice 1:
> I don't want to exit, I want to be at the exit

Voice 2:
> You're keeping watch under this black window

Voice 1:
> The window is completely bright, the light peeks through it

Voice 2:
> It looks like nothing will wear you out

Voice 1:
> There is no reason for doubt

Voice 2:
> Nothing gives us cause for concern

Voice 1:
> I'm glad we understand each other

Voice 2:
> I'm glad there is nothing to understand, there are only clear days

*The familiar room, a window fully covered, someone's hands seal the curtains tightly, sliding slowly along their edges, firmly pressing down on the black adhesive tape. Voices speak in the dark.*

Voice 1:
> It can't hurt to do so at all

Voice 2:
> Indeed, this is all for nothing, bright, beautiful light is waiting outside

Voice 1:
> First, do no harm, second, do not improve

Voice 2:
> The fullness of clarity is perfect, the sentences full of words

Voice 1:
> They say that's how it began, that's how we emerged from the crater

Voice 2:
> We are in a crater, in a full room

Voice 1:
> That doesn't hurt me

Voice 2:
> We're not here to have something done to us

Voice 1:
> And yet considerable intensity does occur

Voice 2:
> You work intensely, that's obvious

Voice 1:
>    It's the trouble of joy, its constant presence, especially now

Voice 2:
>    Special situation, special satisfaction

Voice 1:
>    You have no accurate views

Voice 2:
>    I have no view on this subject, you are a bottomless light

Voice 1:
>    Even here, deep inside, I feel a burning

Voice 2:
>    You take in a lot, you devour declining days

Voice 1:
>    At the beginning

Voice 2:
>    In the beginning, yes, once

Voice 1:
>    Not once, now, deep in here

Voice 2:
>    I'm delighted with your happiness like no one else

Voice 1:
>    No one else speaks

Voice 2:
>    We don't necessarily listen to what has already been said

*Probably the same room, drowned in complete darkness, someone's hands are smoothing out the contours of the window and the whole window, checking the seal of the black plastic wrap that was applied to the curtains and to carefully cover up the window. In the darkness of the room, however, the black square of the window remains visible. At the same time, in the depths of the room a delicate glow falls on parts of the bed and the chair. The conversation between two voices can still be heard.*

Voice 1:
    Sharpened shadows go inside the darkness

Voice 2:
    How priceless is the strength of your senses

Voice 1:
    You overestimate my abilities, I just talk like that

Voice 2:
    You don't see, but you speak, and so it must be so

Voice 1:
    What I have left, claims, strong judgments

Voice 2:
    That's what they say

Voice 1:
    Not the first and not the last case of a mistake

Voice 2:
    You're not mistaken, it's as you say, a lot of movement here

Voice 1:
    Someone's already cleaning up after us

Voice 2:
    There's no one, no one's cleaning up

Voice 1:
> It would be an act of will and care

Voice 2:
> We are worthy of the highest attention, which no one can show

Voice 1:
> I don't doubt someone is thinking and worrying

Voice 2:
> Once someone was racking their brains, today we've got trouble

Voice 1:
> No trouble but limit situations

Voice 2:
> You assume you are traveling, but you're only guarding the exit

Voice 1:
> There is no more exit, you can't see it

Voice 2:
> There is an exit from darkness and into gloom

Voice 1:
> Or from brightness into light

Voice 2:
> It's all the same

Voice 1:
> It makes a difference

Voice 2:
> Definitely a clear confusion

*A spotlight illuminates increasingly larger parts of the bed and the chair, two voices talk.*

Voice 1:
    Quite a few delightful moments happened here

Voice 2:
    Looks like it, seriously sagging

Voice 1:
    Sprawled, loved days

Voice 2:
    Sat out, rather, on hard wood

Voice 1:
    Horizontally and vertically, in joy

Voice 2:
    Bearing a cross, then just empty orgasm laughter

Voice 1:
    For naught these jokes

Voice 2:
    It's about the horizon of pleasure

Voice 1:
    Look further, show more empathy

Voice 2:
    I show maximum good will

Voice 1:
    But you don't reach the object of affirmation

Voice 2:
    Because it's dark everywhere, or one degree darker

Voice 1:
> Yet the objects of our joy are plainly visible

Voice 2:
> That's all we have, equipment for pleasure

Voice 1:
> And each other

Voice 2:
> Useless items

Voice 1:
> Items of dispute, there's a lot of talk about us

Voice 2:
> On principle, to keep the rules in order

Voice 1:
> Someone has to control it

Voice 2:
> We ourselves make simple items of repression

Voice 1:
> Oh, ah, come on now

Voice 2:
> How bright it has become

Voice 1:
> You almost forget about the execution

Voice 2:
> No executioner, no hurry

Voice 1:
> Sit down

Voice 2:
> Lay down

*In the glow, two figures come into focus, with twin-like faces, without clear features, but with large black openings in place of the mouths, from which two familiar voices emerge. One is lying on the bed, the other is sitting in the chair. After a moment, the one sitting leans in and, as if kissing, speaks into the figure lying down.*

Voice 1:
> Lean in and talk to me

Voice 2:
> Into you

Voice 1:
> Yes, talk into my lips

Voice 2:

*In the same room, two figures, lying on the bed, cuddle with their backs to each other, and spot-lit speak into the darkness of the room.*

Voice 1:
> Over there must be something beyond us

Voice 2:
> No more than in us, in this dead silence, places for an echo

Voice 1:
> Now I'm becoming complete like daybreak

Voice 2:
> There are many words in you, give them out to darkness

Voice 1:
> I gift it the world

Voice 2:
> Keep it as long as possible, cling to it like to my back

Voice 1:
> I feel its breath on my back

Voice 2:
> It's not the world, it's me

Voice 1:
> Now you mean a lot more to me than the certainty of light

Voice 2:
> This is not the way there

Voice 1:
> Where there

Voice 2:
> Into full blackness, that's the way to the exit

Voice 1:
> God save us

Voice 2:
> God lead us

Voice 1:
> Funny spells, real pocus

Voice 2:
> Do not litter in the dictionary, look for clear points

Voice 1:
> Words

Voice 2:
> Yes, words, quit moaning

Voice 1:
> I'm not moaning

Voice 2:
> You moan at the obsolete addresses

*Illuminated by a bright light the figures stand before a covered-up window.*

Voice 1:
> The future looks gloomy

Voice 2:
> That's the first good point

Voice 1:
> Someone took the trouble to close off the exit

Voice 2:
> The exit stands open to empty space

Voice 1:
> But momentarily you can't see the light

Voice 2:
> Not momentarily, since always

Voice 1:
> Here you go again

Voice 2:
> I have nothing dearer in my life

Voice 1:
> You don't look for anything but yourself

Voice 2:
> I don't waste time, I share what I have

Voice 1:
> Indeed, I was talked into believing many words

Voice 2:
> You have to understand the principles on which you go where you are going

Voice 1:
> The window is shut

Voice 2:
> The tongue is open, it provides a way out

Voice 1:
> I just want to have the last word

Voice 2:
> I'll give you many of them

Voice 1:
> No, just one, the last one, shut like the window

Voice 2:
> You want a solution, you're hurt

Voice 1:
> I don't feel anything, I don't understand much

Voice 2:
> There is nothing to understand, there is only the language of presumptions, innocent jokes

*The figures begin to scratch at the window, tear the plastic wrap, tug at the curtains sealed-shut with adhesive tape.*

Voice 1:
> I have to exit, I can't be hurt and on guard

Voice 2:
> Seemingly you don't hurt and don't guard

Voice 1:
> Maybe so, I can accept that, I don't have to agree

Voice 2:
> You have to agree to hurt, you are the sound of hurt, nothing else

Voice 1:
> This will turn out clear as light, when we open up

Voice 2:
> Let's open up

Voice 1:
> Glimpses are already visible

Voice 2:
> Darkness

Voice 1:
> It depends how you look at it, what language you speak

Voice 2:
> My language names things

Voice 1:
> My language understands their meaning

Voice 2:
> Therefore, let's not open up, let the illusion be

Voice 1:
> It's not an illusion, it's a reasonable sense of the light

Voice 2:
> But there is no clear light there

Voice 1:
> For me that's the exit

Voice 2:
> This doesn't offend me, I understand that's how you prefer it

Voice 1:
> I prefer to know that everything is in its place

Voice 2:
> You, illusion, bright light, exit

Voice 1:
> Let's do it justice

Voice 2:
> Let's surrender ourselves to just illusions

*From under the shreds of black plastic wrap and adhesive tape, behind the torn curtains, another window can be seen tightly sealed with plastic wrap, tape, and most likely covered with heavy curtains.*

Voice 1:
> Something is playing inside us

Voice 2:
> Someone

Voice 1:
> It's hard to say and harder to die

Voice 2:
> With laughter on your lips, which you lack

Voice 1:
    I lack the words to talk about my lack

Voice 2:
    And so it goes over and over again, in good health

Voice 1:
    It's so obvious, clear, somewhere, it's been like that before

Voice 2:
    Otherwise, in other case

Voice 1:
    I know nothing about it, the window's new form offends me

Voice 2:
    You don't know that, you don't have a way out to-there

Voice 1:
    Perhaps behind this window there is an exit to-there

Voice 2:
    Maybe don't go to the exit

Voice 1:
    I'm behaving

Voice 2:
    Affectionately and strongly, look after yourself, be

Voice 1:
    I can deliver something later, some message

Voice 2:
    You can't, because there's no whence, no exit

Voice 1:
    What to do, one must lie patiently or stand

Voice 2:
> Behave, sit calmly, in a chair

Voice 1:
> Facing each other

Voice 2:
> Exclusively each other, excluding oneself

*Windows boarded up so tightly they resemble a jewelry box emitting an almost bright glow. The room is also an element of this construction. Figures toddle from wall to wall, in confusion, stumbling over the bed and the chair.*

Voice 1:
> It's the same outside and inside

Voice 2:
> Depends on whence and where you go, where you look

Voice 1:
> These stories behind me are the same that await me at the exit

Voice 2:
> This is a projection, a projector

Voice 1:
> I don't know what that can mean

Voice 2:
> An especially clear message is nothing special

Voice 1:
> This is that message

Voice 2:
> Nobody conveys a message

Voice 1:
> But the place and time I'm at are carefully chosen

Voice 2:
> No, it's a solicitous case, without anyone's interference

Voice 1:
> I can't deal with it presented this way

Voice 2:
> You don't have to, emit yourself, get rid of yourself

Voice 1:
> I work hard, have for many moments

Voice 2:
> Hours, days, loved days, months, years

Voice 1:
> I don't know exactly what and how and when now

Voice 2:
> When now at last

Voice 1:
> Anything, onward

Voice 2:
> We're moving, there is movement, it bodes well

Voice 1:
> Dregs, mash, one dark pigsty

Voice 2:
> Preserve your dignity, manners, style of exiting, since there is no exit

*The figures face each other, one is looking up, the other is looking down at their feet.*

Voice 1:
> Who will come out on top, that's hard to say

Voice 2:
> Always looking at your feet, dumbly and barefoot

Voice 1:
> Even lying in bed, I look at the ceiling head-on, this compulsion strikes me

Voice 2:
> It's a matter of habit, endurance

Voice 1:
> You're always downward, banal

Voice 2:
> I travel there, collision-free

Voice 1:
> I'm no longer surprised by your grief, anger, or whatever you call it

Voice 2:
> I just want a lump of calm, without the need for exhilarations

Voice 1:
> But I'm dying, lump after lump, I'm falling away from myself, help me

Voice 2:
> Place on the salver of days a lump of enthusiasm, keep looking up

Voice 1:
> Cut out the jokes

Voice 2:
> Jokes stand before us

Voice 1:
> Heat burns my throat

Voice 2:
> Speak ahead then, not up

Voice 1:
> I don't hear well, you are talking downward like into the membrane of a drum

Voice 2:
> It comes back strongly and clearly, a repetition

Voice 1:
> So we are not the first ones here

Voice 2:
> Certainly not the last

Voice 1:
> I will lower my gaze at you

Voice 2:
> I will raise my voice at you, so you hear the word, hear the last moments, whisper

*A bright light aimed at the face of the figure lying on the bed brings out the blackness of the opening in place of the mouth. The figure sitting in the chair bends over this abyss. The voices speak quietly.*

Voice 1:
> I don't know if the days were loved, maybe not

Voice 2:
>Rather so, they were definitely full and decisive

Voice 1:
>Much has been lost, prostrated without purpose, without measure

Voice 2:
>The majority are only suitable for this

Voice 1:
>The minority disappear before the eyes, in the past there might've been something

Voice 2:
>Without complaining, with style, it was certainly intense and made to measure

Voice 1:
>The measure of one life is the prostrated last moments

Voice 2:
>Oh, ah, why such pathos, calmness of a scout, lightness of a mullein

Voice 1:
>Disintegration of a clear sentence

Voice 2:
>Now it isn't worth verifying anymore

Voice 1:
>It makes itself, it works itself

Voice 2:
>Counteract, act

Voice 1:
> I proclaim clichés in a whisper, right away things get grandiose

Voice 2:
> You're always privileged, at the top, as a rule you get a head start, a forum

Voice 1:
> Yet I dare not to go out

Voice 2:
> There is nowhere to go and why, we're in a window with a view

Voice 1:
> We are the window with a view

Voice 2:
> The views are specified and we know them already

Voice 1:
> That's why there are fewer and fewer words, they repeat

Voice 2:
> Exhausted and poor adjectives

*The figure sitting in the chair gently and very slowly seals with adhesive tape the mouth-opening of the figure lying on the bed. The figure does it gradually, covering the opening as if drawing a curtain across a window. The voices are still talking.*

Voice 1:
> I feel safer now, it burns less, the light is weaker

Voice 2:
> Simple actions, temporary relief, specific actions

Voice 1:
: Yes, one must do it justice, use the same methods and words

Voice 2:
: That's nice, delightful consequences, logical results, trust

Voice 1:
: I can still be useful

Voice 2:
: Not only that, but happen

Voice 1:
: Not only that, but give

Voice 2:
: You demand too much, I have my limitations, I can't sit forever

Voice 1:
: Save your breath, pity the words

Voice 2:
: That's why I save them, I accumulate them in you

Voice 1:
: I will carry them in myself to the exit, there I will make a deposit

Voice 2:
: That won't be necessary, you're just taking them for nothing, souvenirs

Voice 1:
: I can repeat them in my head, they will come alive

Voice 2:
: It varies, sometimes they don't work, maybe mostly

Voice 1:
> This can't be

Voice 2:
> This is, you see less and less, you also say less

Voice 1:
> Because you help

Voice 2:
> I'm trying to leave you something

Voice 1:
> You limit me a little, fewer words

Voice 2:
> It will be easier for you to decide on the last one

*The mouth-opening of the figure lying on the bed is completely covered with black adhesive tape. The figure sitting on the chair gently strokes the spot, checks for holes in the covering of the abyss. One voice mumbles, the other speaks.*

Voice 1:

Voice 2:
> Yes, it's probably a good choice, it says a lot

Voice 1:

Voice 2:
> Not necessarily, it doesn't have to result in anything

Voice 1:

Voice 2:
> There are rumors about a man who knew the solution

Voice 1:

Voice 2:
    No, not for us

Voice 1:

Voice 2:
    Nothing extraordinary, let's not usurp the position, nothing special

Voice 1:

Voice 2:
    He took care of himself, a long time ago

Voice 1:

Voice 2:
    Pathetic, don't squander your labors, not now, don't trust in usurpations

Voice 1:

Voice 2:
    Why you, why now, it's known, you know well

Voice 1:

Voice 2:
    Of course, tell the world yes

Voice 1:

Voice 2:
    No, not this word, but a slightly different one, no, I don't know it, go into yourself

# MECHANIZM OBRONNY
(akt mowy na głosy)

*Pokój, świt, okno pełne jałowego blasku, z ciemnej głębi pokoju słychać dwa głosy.*

Głos 1:
    Wyraźnie dnieje

Głos 2:
    Niekochane są dni

Głos 1:
    Nie można tak mówić, nie w tym świetle

Głos 2:
    Nie można, a mówię

Głos 1:
    Łatwo tak mówić, kiedy nikt nie słucha

Głos 2:
    Ktoś słucha wyraźnie, ktoś jest twoim nie można tak mówić

Głos 1:
    Słyszę tylko siebie

Głos 2:
    Słyszę nie ciebie, tylko przez ciebie

Głos 1:
    Nie wydaje mi się, nic mi się nie wydaje, mówię jak jest

Głos 2:
    Jak jest za dnia, widzisz, ja też widzę i mówię

Głos 1:
    Dni są kochane, nie są same

Głos 2:
    Tak jest, nie są same, są niekochane

Głos 1:
    Kocham dni

Głos 2:
    Ja też, kocham niekochane dni

Głos 1:
    Zawsze to samo, zawsze tak samo ślepo, na odwrót mówisz

Głos 2:
    Tylko powtarzam to, co ty, inaczej to samo powtarzam

Głos 1:
    Niczego nowego nie mówisz

Głos 2:
    Przyznaję ci rację, to jest nowe

Głos 1:
    Nie chcę racji, chcę cieszyć oko

Głos 2:
    To nie mów, tylko patrz, tak można długo

Głos 1:
    Sama radość

Głos 2:
    Same dni, sama radość, same jasne sprawy

Głos 1:
    Zjawisko

Głos 2:
    Same jasne zjawiska i same jasne słowa dnieją, niech ci będą

*Ten sam pokój, okno pełne jałowego blasku zasłonięte do połowy ciężką kotarą, z coraz bardziej ciemnej głębi pokoju słychać dwa głosy.*

Głos 1:
    Wymowne jest to trwanie światła, pomimo zabiegów

Głos 2:
    To coś znaczy, mówi ci to coś

Głos 1:
    Tak, można to pojąć, oprzeć się na tym, chłonąć

Głos 2:
    Nie trzeba wiele więcej niż chłonąć, pochłaniać światło

Głos 1:
    Od razu źle mówisz, źle myślisz o wszystkim

Głos 2:
    Myślę jak najlepiej mogę, myślę o tym jak najlepiej

Głos 1:
    Ale to jest złe, napada na trwanie światła

Głos 2:
    Nie pochłaniam światła, przyciemniam tylko jego silny blask

Głos 1:
    Odwracasz oczy, nie patrzysz jasno

Głos 2:
    Nie wiem, rażą mnie twoje słowa

Głos 1:
    To są przecież słowa dla ciebie zrozumiałe

Głos 2:
> Razi mnie ich zrozumiałe miano, ciemne znaczenie

Głos 1:
> Bo nie patrzysz, tylko od razu mówisz, najpierw mówisz

Głos 2:
> Od razu ślepnę na twoje cierpienie

Głos 1:
> Nie cierpię, chłonę jasne przesłanie

Głos 2:
> Dlatego przysłaniam, jesteś już napełnionym naczyniem

Głos 1:
> Ty trwasz w cieniu, upierasz się

Głos 2:
> Nie upieram się, jestem cieniem twojej pewności

Głos 1:
> Słowa są pewne, jasne

Głos 2:
> Słowa są pełne ciebie, jasne stają się nawet te kotary

Głos 1:
> Nie zasłonisz niczego, widzę wszystko

Głos 2:
> Sama radość, móc znowu cię zobaczyć, słowo może

*Wciąż ten sam pokój, okno zasłonięte całkowicie, przez ciemne kotary nadal widać poświatę, głosy rozmawiają w prawie pełnym mroku.*

Głos 1:
    Bez względu na wszystko, nadal widzę i czuję blask

Głos 2:
    Nic cię nie mrozi, nie masz powodu do obaw

Głos 1:
    Obawiam się swojej pewności, jest coraz większa

Głos 2:
    To zrozumiałe, światło ci służy, jest ci poddane

Głos 1:
    Jest blisko za mrokiem, opalizuje ciemność

Głos 2:
    Nic więcej nie mogę dla ciebie zrobić

Głos 1:
    Nie trudź się, robisz co możesz, robisz to dobrze

Głos 2:
    Staram się być w tobie, przez ciebie jaśnieć bez powodu

Głos 1:
    I źródła

Głos 2:
    Jesteś źródłem samych radości, dni

Głos 1:
    Mówisz tak, bo tak wypada

Głos 2:
> Mówię w pełnym przekonaniu, zwłaszcza tu i teraz

Głos 1:
> Sytuacja sprzyja dobrym rozwiązaniom

Głos 2:
> Tak, zawsze znajdujesz drogę wyjścia

Głos 1:
> Nie chcę wychodzić, chcę być u wyjścia

Głos 2:
> Stróżujesz pod tym czarnym oknem

Głos 1:
> Okno jest zupełnie jasne, wygląda przez nie światło

Głos 2:
> Wygląda na to, że nic cię nie zmorzy

Głos 1:
> Nie ma powodu do zwątpień

Głos 2:
> Nic nie daje powodu do obaw

Głos 1:
> Cieszę się, że się rozumiemy

Głos 2:
> Cieszę się, że nie ma nic do rozumienia, są tylko jasne dni

*Znajomy pokój, okno w pełni zasłonięte, czyjeś ręce lepią szczelnie kotary do siebie, przesuwają się powoli po ich krawędziach, dokładnie dociskając czarną taśmę klejącą. Głosy mówią w ciemności.*

Głos 1:
    To nie może w niczym zaszkodzić

Głos 2:
    Istotnie, to na nic, jasne, piękne światło czeka na zewnątrz

Głos 1:
    Po pierwsze nie szkodzić, po drugie nie ulepszać

Głos 2:
    Doskonałe są pełnie jasności, pełne słów zdania

Głos 1:
    Powiadają, że od tego się zaczęło, że tak wychynęliśmy z krateru

Głos 2:
    Jesteśmy w kraterze, w pełnym pokoju

Głos 1:
    Nic mi to złego nie robi

Głos 2:
    Nie po to jesteśmy, żeby coś nam zrobić

Głos 1:
    A jednak przydarza się znacząca intensywność

Głos 2:
    Pracujesz intensywnie, to się widzi

Głos 1:
    To trud radości, jej ustawiczna obecność, zwłaszcza teraz

Głos 2:
> Szczególna sytuacja, szczególna satysfakcja

Głos 1:
> Nie masz trafnych zdań

Głos 2:
> Nie mam zdania na ten temat, jesteś bezdennym światłem

Głos 1:
> Nawet tu, głęboko, pali mnie

Głos 2:
> Przyjmujesz dużo, pochłaniasz dni na ostatku

Głos 1:
> Na początku

Głos 2:
> W początkach tak, kiedyś

Głos 1:
> Nie kiedyś, teraz, tu głęboko

Głos 2:
> Cieszę się twoim szczęściem jak nikt

Głos 1:
> Nikt inny nie mówi

Głos 2:
> Niekoniecznie słuchamy, co już powiedziane

*Prawdopodobnie ten sam pokój, utopiony w pełnej ciemności, kontury okna i całe okno gładzą czyjeś ręce, sprawdzają szczelność czarnej foli, jaka została nałożona na kotary i dokładnie oblepiła okno. W ciemni pokoju jednakowoż widać czarny kwadrat okna. Jednocześnie w głębi pokoju delikatna poświata obejmuje fragmenty łóżka i krzesła. Nadal słychać rozmowę dwóch głosów.*

Głos 1:
    Uwyraźnione cienie wchodzą do wewnątrz ciemności

Głos 2:
    Jakże bezcenna jest siła twoich zmysłów

Głos 1:
    Przeceniasz moje zdolności, tak tylko mówię

Głos 2:
    Nie widzisz, a mówisz i tak najwidoczniej jest

Głos 1:
    Co mi zostało, twierdzenia, mocne sądy

Głos 2:
    Tak mówią

Głos 1:
    Nie pierwszy i nie ostatni to przypadek pomyłki

Głos 2:
    Nie mylisz się, jest jak mówisz, sporo tu ruchu

Głos 1:
    Ktoś po nas już sprząta

Głos 2:
    Nikogo nie ma, nikt nie sprząta

Głos 1:
    Byłby to akt woli i troski

Głos 2:
    Jesteśmy godni najwyższej uwagi, której nie ma kto okazać

Głos 1:
    Nie wątpię, że ktoś się głowi i zajmuje

Głos 2:
    Kiedyś ktoś główkował, dzisiaj my mamy kłopoty

Głos 1:
    Nie kłopoty tylko sytuacje graniczne

Głos 2:
    Zakładasz, że podróżujesz, a tylko pilnujesz wyjścia

Głos 1:
    Wyjścia już nie ma, nie widać

Głos 2:
    Jest wyjście z ciemności do mroku

Głos 1:
    Albo z jasności do światła

Głos 2:
    Wszystko jedno

Głos 1:
    To robi różnicę

Głos 2:
    Zdecydowanie jasny zamęt

*Punktowe światło obejmuje coraz większe części łóżka i krzesła, dwa głosy rozmawiają.*

Głos 1:
    Tu wydarzyło się sporo rozkosznych momentów

Głos 2:
    Na to wygląda, mocno zapadłe

Głos 1:
    Wyleżane, wykochane dni

Głos 2:
    Wysiedziane raczej, w twardym drewnie

Głos 1:
    Horyzontalnie i wertykalnie, w radości

Głos 2:
    Krzyż pański, potem tylko pusty śmiech orgazmu

Głos 1:
    Na nic te żarty

Głos 2:
    Chodzi o horyzont rozkoszy

Głos 1:
    Patrz dalej, wykaż więcej empatii

Głos 2:
    Wykazuję maksymalnie dobrą wolę

Głos 1:
    Ale nie dosięgasz obiektu afirmacji

Głos 2:
    Bo wszędzie jest ciemno, lub stopień ciemniej

Głos 1:
> Jednak nasze obiekty radości widać jak na dłoni

Głos 2:
> Tylko to mamy, sprzęty do rozkoszy

Głos 1:
> I siebie

Głos 2:
> Nieużyteczne przedmioty

Głos 1:
> Przedmioty sporu, dużo się o nas mówi

Głos 2:
> Dla zasady, dla utrzymania porządku regulaminu

Głos 1:
> Ktoś musi to kontrolować

Głos 2:
> Sami wyrabiamy proste przedmioty represji

Głos 1:
> Och, ach, bez przesady

Głos 2:
> Ależ się zrobiło jasno

Głos 1:
> Prawie zapomina się o egzekucji

Głos 2:
> Nie ma kata, nie ma pośpiechu

Głos 1:
> Usiądź

Głos 2:
    Połóż się

*W poświacie wyraźnieją dwie postacie, o bliźniaczo podobnych twarzach, bez wyraźnych rysów, ale z dużymi, czarnymi otworami w miejscu ust, z których wydobywają się znajome dwa głosy. Jedna leży na łóżku, druga siedzi na krześle. Po chwili nachyla się, i niczym w pocałunku, mówi w postać leżącą.*

Głos 1:
    Nachyl się i mów do mnie

Głos 2:
    W ciebie

Głos 1:
    Tak, mów mi w usta

Głos 2:

*W tym samym pokoju dwie postacie, leżąc na łóżku, przytulają się do siebie plecami, i oświetlone punktowo, mówią w ciemność pokoju.*

Głos 1:
    Tam musi znajdować się coś poza nami

Głos 2:
    Nie więcej niż w nas, w tej głuszy, miejscach na echo

Głos 1:
    Teraz pełnieję jak dnienie

Głos 2:
    Dużo w tobie słów, rozdaj je ciemności

Głos 1:
    Daruję jej świat

Głos 2:
>Zachowaj go jak najdłużej, wczep się weń jak w moje plecy

Głos 1:
>Czuję jego oddech na plecach

Głos 2:
>To nie świat, to ja

Głos 1:
>Teraz ty znaczysz dla mnie sporo więcej, niż pewność świtała

Głos 2:
>Nie tędy droga tam

Głos 1:
>Gdzie tam

Głos 2:
>W pełną czerń, tamtędy do wyjścia

Głos 1:
>Boże uchowaj

Głos 2:
>Boże prowadź

Głos 1:
>Śmieszne zaklęcia, prawdziwe mary

Głos 2:
>Nie śmieć w słowniku, szukaj jasnych punktów

Głos 1:
>Słów

Głos 2:
> Tak, słów, nie jęcz

Głos 1:
> Nie jęczę

Głos 2:
> Jęczysz pod nieaktualne adresy

*Oświetlone ostrym światłem postacie stoją przed zaklejonym oknem.*

Głos 1:
> Czarno widzę

Głos 2:
> To pierwsza, słuszna uwaga

Głos 1:
> Ktoś zadał sobie trud zamknięcia wyjścia

Głos 2:
> Wyjście stoi otwarte na pustą oścież

Głos 1:
> Ale nie widać chwilowo światła

Głos 2:
> Nie chwilowo, od zawsze

Głos 1:
> Ty znowu swoje

Głos 2:
> Nie mam nic bliższego w życiu

Głos 1:
> Nie szukasz niczego poza sobą

Głos 2:
> Nie tracę czasu, dzielę się tym, co mam

Głos 1:
> Faktycznie, wmówiono mi wiele słów

Głos 2:
> Musisz rozumieć, na jakich zasadach zmierzasz tam, gdzie zmierzasz

Głos 1:
> Okno jest zamknięte

Głos 2:
> Język jest otwarty, umożliwia wyjście

Głos 1:
> Pragnę tylko mieć ostatnie słowo

Głos 2:
> Dam ci ich wiele

Głos 1:
> Nie, jedno, ostatnie, zamknięte jak okno

Głos 2:
> Pragniesz recepty, boli cię

Głos 1:
> Nic nie czuję, niewiele rozumiem

Głos 2:
> Nie ma nic do rozumienia, jest tylko język domniemań, niewinne żarciki

*Postacie zaczynają drapać okno, rozrywać folię, szarpać za zlepione taśmą klejącą kotary.*

Głos 1:
Muszę wyjść, nie mogę boleć i stróżować

Głos 2:
Ponoć nie bolejesz i nie stróżujesz

Głos 1:
Może tak jest, mogę to uznać, nie muszę się zgadzać

Głos 2:
Musisz się zgodzić boleć, jesteś głoską bólu, niczym innym

Głos 1:
To się okaże jasne jak światło, kiedy odsłonimy

Głos 2:
Odsłaniajmy

Głos 1:
Już widać przebłyski

Głos 2:
Ciemności

Głos 1:
Zależy jak patrzysz, jakim mówisz językiem

Głos 2:
Mój język nazywa rzeczy

Głos 1:
Mój język rozumie ich sens

Głos 2:
> Dlatego nie odsłaniajmy, dajmy żyć złudzeniu

Głos 1:
> To nie jest złudzenie, to rozsądny sens światła

Głos 2:
> Ale tam nie ma jasnego światła

Głos 1:
> Dla mnie tam jest wyjście

Głos 2:
> Mnie to nie obraża, rozumiem, że tak wolisz

Głos 1:
> Wolę wiedzieć, że wszystko jest na swoim miejscu

Głos 2:
> Ty, złudzenie, jasne światło, wyjście

Głos 1:
> Oddajmy sprawiedliwość

Głos 2:
> Oddajmy się sprawiedliwym złudzeniom

*Spod strzępów czarnej foli i taśmy klejącej, za rozerwanymi kotarami, widać kolejne okno szczelnie zalepione folią, taśmą i najpewniej zasunięte ciężkimi kotarami.*

Głos 1:
> Coś się w nas bawi

Głos 2:
> Ktoś

Głos 1:
Ciężko powiedzieć, ciężej skonać

Głos 2:
Ze śmiechem na ustach, których brak

Głos 1:
Brak mi słów, żeby opowiedzieć o swoim braku

Głos 2:
I tak w kółko, w dobrym zdrowiu

Głos 1:
To takie oczywiste, jasne, gdzieś, kiedyś już tak było

Głos 2:
W innym razie, w innym przypadku

Głos 1:
Nic o tym nie wiem, razi mnie ta nowa odsłona okna

Głos 2:
Tego nie wiesz, nie masz dotamtąd wyjścia

Głos 1:
Może za tym oknem, jest wyjście dotamtąd

Głos 2:
Może nie idź do wyjścia

Głos 1:
Zachowuję się

Głos 2:
Czule i mocno, dbaj, bywaj

Głos 1:
Mogę coś przekazać potem, jakąś wiadomość

Głos 2:
	Nie możesz, bo nie ma skąd, nie ma wyjścia

Głos 1:
	Co robić, trzeba leżeć cierpliwie lub stać

Głos 2:
	Zachowywać się, siedzieć spokojnie, w krześle

Głos 1:
	Na przeciwko siebie

Głos 2:
	Wyłącznie siebie, z wyłączeniem siebie

*Zabite szczelnie okna tworzą konstrukcję szkatułki, tak gęstą, że emituje niemal jasną poświatę. Pokój również jest elementem tej konstrukcji. Postacie drepczą od ściany do ściany, w zamęcie, potykają się o łóżko i krzesło.*

Głos 1:
	Na zewnątrz i wewnątrz to samo

Głos 2:
	Zależy skąd i dokąd podążasz, gdzie patrzysz

Głos 1:
	Te historie za mną są tymi samymi, które na mnie czekają u wyjścia

Głos 2:
	To projekcja, projektor

Głos 1:
	Nie wiem, co to może znaczyć

Głos 2:
	Zapewne nic szczególnego, szczególnie jasne przesłanie

Głos 1:
To ta wiadomość

Głos 2:
Nikt nie przekazuje wiadomości

Głos 1:
Ale miejsce i czas, w jakim jestem, są pieczołowicie wybrane

Głos 2:
Nie, to pieczołowity przypadek, bez niczyjej ingerencji

Głos 1:
Nie radzę sobie z tak postawioną sprawą

Głos 2:
Nie musisz, emituj się, wyzbądź

Głos 1:
Pracuję ciężko, wiele już chwil

Głos 2:
Godzin, dni, kochanych dni, miesięcy, lat

Głos 1:
Nie wiem dokładnie co i jak i kiedy już

Głos 2:
Kiedy już wreszcie

Głos 1:
Cokolwiek, do przodu

Głos 2:
Przemieszczamy się, jest ruch, to dobrze wróży

Głos 1:
> Fusy, breja, jeden ciemny chlew

Głos 2:
> Zachowaj godność, maniery, styl wychodzenia, skoro nie ma wyjścia

*Postacie stoją przodem do siebie, jedna patrzy w górę, druga pod nogi.*

Głos 1:
> Czyje będzie na górze, nie wiadomo

Głos 2:
> Zawsze tylko pod nogi, tępo i boso

Głos 1:
> Nawet leżąc w łóżku, kolizyjnie patrzę w sufit, uderza mnie ten przymus

Głos 2:
> To kwestia nawyku, wytrzymałości

Głos 1:
> Ty ciągle do dołu, przyziemnie

Głos 2:
> Tam podróżuję, bezkolizyjnie

Głos 1:
> Nie dziwi mnie już twój żal, złość, czy jak tam chcesz

Głos 2:
> Chcę tylko grudki spokoju, bez konieczności uwzniośleń

Głos 1:
>   Ale ja mrę, grudka po grudce, odpadam od siebie, weź pomóż

Głos 2:
>   Łóż na tackę dni grudkę entuzjazmu, patrzaj w górę

Głos 1:
>   Żarty już na bok

Głos 2:
>   Żarty przed nami stoją

Głos 1:
>   Żar pali mi gardło

Głos 2:
>   Mów więc przed siebie, nie do góry

Głos 1:
>   Nie słyszę dobrze, mówisz w dół jak w membranę bębna

Głos 2:
>   To wraca mocno i wyraźnie, powtórzenie

Głos 1:
>   Nie jesteśmy tu więc pierwsi

Głos 2:
>   Z pewnością nie ostatni

Głos 1:
>   Spuszczę wzrok na ciebie

Głos 2:
>   Podniosę na ciebie głos, słysz słowo, słysz ostatnie chwile, szepcz

*Ostre światło w twarz leżącej na łóżku postaci wydobywa czerń otworu znajdującego się w miejscu ust. Siedząca na krześle postać nachyla się nad tą przepaść. Głosy cicho rozmawiają.*

Głos 1:
    Nie wiem czy dni były kochane, może jednak nie

Głos 2:
    No raczej, zdecydowanie były pełne i decydujące

Głos 1:
    Wiele przepadło, zleżane bez pomysłu, bez miary

Głos 2:
    Większość nadaje się tylko do tego

Głos 1:
    Mniejszość niknie w oczach, w przeszłości może coś było

Głos 2:
    Bez stękania, z fasonem, z pewnością było intensywnie i na miarę

Głos 1:
    Miara jednego życia to zleżane, ostatnie chwile

Głos 2:
    Och, ach, po co te patosy, spokój zucha, lekkość dziewanny

Głos 1:
    Rozpad jasnego zdania

Głos 2:
    Teraz nie opłaca się już weryfikować

Głos 1:
    Samo się robi, samo pracuje

Głos 2:
    Przeciwdziałaj, pracuj

Głos 1:
    Głoszę komunały szeptem, od razu robi się górnolotnie

Głos 2:
    Twoje na górze, wierzchu, z zasady masz przed wyjściem fory, forum

Głos 1:
    Jednak nie śmiem wychodzić

Głos 2:
    Nie ma gdzie i po co, jesteśmy w oknie z widokiem

Głos 1:
    Jesteśmy oknem z widokiem

Głos 2:
    Widoki są określone i znamy je już

Głos 1:
    Dlatego słów jest coraz mniej, powtarzają się

Głos 2:
    Wyczerpane i biedne przymiotniki

*Postać siedząca na krześle delikatnie i bardzo powoli zalepia taśmą klejącą otwór ust postaci leżącej na łóżku. Robi to stopniowo, zasłania otwór niczym kotarą okno. Głosy nadal rozmawiają.*

Głos 1:
    Teraz mi raźniej, pali mniej, światło jest słabsze

Głos 2:
    Proste zabiegi, chwilowe ulgi, konkretne działania

Głos 1:
> Tak, trzeba oddać sprawiedliwość, używać tych samych metod i słów

Głos 2:
> To miłe, rozkoszne konsekwencje, logiczne następstwa, zaufanie

Głos 1:
> Mogę się przydać jeszcze

Głos 2:
> Mało tego, przydarzyć

Głos 1:
> Mało tego, darzyć

Głos 2:
> Wymagasz zbyt wiele, mam swoje ograniczenia, nie mogę siedzieć wiecznie

Głos 1:
> Szkoda słów, żal ich

Głos 2:
> Dlatego ci ich oszczędzam, kumuluję je w tobie

Głos 1:
> Wezmę je w sobie do wyjścia, tam dam zadatek

Głos 2:
> Nie będzie konieczny, bierzesz je po prostu po nic, pamiątki

Głos 1:
> Mogę je powtarzać w głowie, zadziałają

Głos 2:
> Różnie bywa, bywa, że nie działają, chyba zwłaszcza

Głos 1:
    Nie może to być

Głos 2:
    To jest, widzisz coraz mniej, mówisz też mniej

Głos 1:
    Bo pomagasz

Głos 2:
    Staram się ci coś zostawić

Głos 1:
    Trochę mnie ograniczasz, mniej słów

Głos 2:
    Łatwiej ci będzie zdecydować się na ostanie

*Otwór ust postaci leżącej na łóżku jest już całkowicie zalepiony czarną taśmą klejącą. Postać siedząca na krześle delikatnie gładzi to miejsce, sprawdza szczelność zalepienia przepaści. Jeden głos mamrocze, drugi mówi.*

Głos 1:

Głos 2:
    Tak, to chyba dobry wybór, mówi bardzo dużo

Głos 1:

Głos 2:
    Niekoniecznie, to nie musi niczym skutkować

Głos 1:

Głos 2:
    Chodzą słuchy o człowieku, który znał rozwiązanie

Głos 1:

Głos 2:
    Nie, nie dla nas

Głos 1:

Głos 2:
    Nic wyjątkowego, nie uzurpujmy sobie pozycji, nic szczególnego

Głos 1:

Głos 2:
    Zadbał o siebie, dawno temu

Głos 1:

Głos 2:
    Żałosne, nie trwoń swojej pracy, nie teraz, nie zawierzaj uzurpacjom

Głos 1:

Głos 2:
    Dlaczego niby ty, dlaczego teraz, się wie, wiesz dobrze

Głos 1:

Głos 2:
    Jasne, że tak, mów światu tak

Głos 1:

Głos 2:
    Nie, nie to słowo, a które niby inne, nie, nie znam, wejdź do siebie

# BIOGRAPHIES

**Krzysztof Siwczyk** is an award-winning Polish poet, critic, and essayist. His work has been translated into numerous languages, including Italian, French, and German. He lives in Gliwice and works at the Rafał Wojaczek Institute in Mikołów.

**Piotr Florczyk** is a poet, essayist, and translator. His latest volume of poems, *From the Annals of Kraków*, which is based on the testimonies of Holocaust survivors, is published by Lynx House Press.

www.ingramcontent.com/pod-product-compliance
Lightning Source LLC
Chambersburg PA
CBHW071747040426
42446CB00012B/2492